Aprender a ganar

Katie Peters

Consultoras de GRL,
Diane Craig y Monica Marx,
especialistas certificadas en lectoescritura

ediciones Lerner ◆ Mineápolis

Nota de una consultora de GRL

Este libro, que pertenece a la serie Pull Ahead, ha sido diseñado con dedicación para lectores principiantes. Un equipo de expertos en lectoescritura y lectura guiada ha revisado el libro y determinado su nivel para garantizar que quienes lo lean se superen y experimenten el éxito.

ediciones Lerner
Una división de Lerner Publishing Group, Inc.
241 First Avenue North
Mineápolis, MN 55401, EE. UU.

Si desea averiguar acerca de niveles de lectura y para obtener más información, favor consultar este título en www.lernerbooks.com.

Fuente del texto del cuerpo principal: Memphis Pro 24/39.
Fuente proporcionada por Linotype.

Las imágenes de este libro cuentan con el permiso de: © andresr/Getty Images, pp. 8–9; © FatCamera/Getty Images, pp. 10–11, 14–15, 16 (centro); © LightFieldStudios/ Getty Images, p. 3; © Morsa Images/Getty Images, pp. 12–13, 16 (izquierda); © ViewStock/Getty Images, pp. 6–7, 16 (derecha); © vladans/Getty Images, pp. 4–5. Portada: © FatCamera/Getty Images.

Library of Congress Cataloging-in-Publication Data

Names: Peters, Katie, author.
Title: Aprender a ganar / Katie Peters.
Other titles: Winning well. Spanish
Description: Minneapolis : Lerner Publications, [2023] | Series: Espíritu deportivo (Be a good sport) (Pull ahead readers people smarts en español - Nonfiction) | Includes bibliographical references and index. | Audience: Ages 4–7 | Audience: Grades K–1 | Summary: "Winning makes us feel good. But when we win, someone else loses. Learn how to be a good winner no matter what game you play. This Spanish book pairs with the fiction title Buen juego"— Provided by publisher.
Identifiers: LCCN 2021051524 (print) | LCCN 2021051525 (ebook) | ISBN 9781728458915 (library binding) | ISBN 9781728462844 (paperback) | ISBN 9781728460956 (ebook)
Subjects: LCSH: Sportsmanship—Juvenile literature.
Classification: LCC GV706.3 .P457 2023 (print) | LCC GV706.3 (ebook) | DDC 175—dc23

LC record available at https://lccn.loc.gov/2021051524
LC ebook record available at https://lccn.loc.gov/2021051525

Fabricado en los Estados Unidos de América
1-50925-50231-10/27/2021

Contenido

Aprender a ganar

Gané el juego. Le digo a mi amiga: "Buen trabajo".

Gané la carrera. Le digo
a mi amigo: "Tú también
corriste rápido".

Gané el partido. Le digo a mi amiga: "Eres una buena jugadora".

Gané la carrera.

Le digo a mi amigo:

"Casi ganas esa vez".

Gané el juego.

Le digo a mi amigo:

"Gracias por jugar".

Es divertido jugar con mis amigos. Todos sabemos ganar.

¿Cómo muestras que tienes espíritu deportivo cuando ganas?

¿Lo viste?

cartas

gafas de natación

red

Índice